300, rue Léon-Joulin, 31101 Toulouse Cedex 9 France

Loi 49.956 du 16.07.1949
Dépôt légal : avril 2007
ISBN : 978-2-7459-2477-3
Imprimé en France par Pollina, 85400 Luçon - n° L42847C

LES GOÛTERS PHILO

P.-F. DUPONT-BEURIER • BRIGITTE LABBÉ

D'ACCORD ET PAS D'ACCORD

ILLUSTRATIONS DE JACQUES AZAM

MILAN
jeunesse

Au menu de ton Goûter Philo

Tout est plat

« Tu veux faire une partie de football ?
— Oui, d'accord.
— Et si on jouait plutôt aux cartes, pour changer?
— D'accord.
— Crapette rapide ou huit américain ?
— Comme tu veux.
— Euh... bon, alors, crapette rapide ?
— OK.
— On joue sur la table dehors, il fait beau.
— Bonne idée.
— Et tout à l'heure on pourrait aller au cinéma.
— D'accord.
— J'ai envie de voir un dessin animé, et toi ? »

On imagine la réponse… Léon n'en peut plus. « *Octave m'énerve, il dit toujours oui à tout, il est toujours d'accord avec moi, c'est pénible à la fin* », disait Léon à ses parents hier soir.

Léon aime parler de politique, des filles, des professeurs, des groupes de musique, de la disparition des baleines… Mais avec Octave, impossible de vraiment discuter : Octave est toujours d'accord avec lui. Léon s'ennuie, il a l'impression que tout est mou, que tout est plat. Il rêve d'entendre Octave lui dire : « *Alors là, je ne suis pas du tout d'accord avec toi.* » Il se passerait enfin quelque chose !

Pas de musique ce soir

Le pianiste arrête subitement
de jouer et se lève.
« Non, non et non. Tu démarres
beaucoup trop tôt, dit-il à la chanteuse.
On reprend au début.
– Je ne suis pas d'accord, dit
la trompettiste. C'est toi qui es trop lent.
– Moi, je pense qu'il faut encore plus
ralentir, s'en mêle la guitariste.
– N'exagère pas, intervient le batteur,
il n'y aura plus de rythme.
– Ce n'est pas une question de rythme »,
s'exclame le violoncelliste.

Chaque musicien a son opinion. C'est normal, il y a différentes manières d'interpréter un morceau de musique.

La chanteuse s'assied et croise les bras :
« C'est mon choix de chanter comme ça.
– C'est mon choix de jouer comme ça,
dit le pianiste.

– C'est mon choix de jouer comme ça, dit la guitariste.
– C'est mon choix de jouer comme ça, dit le batteur.
– C'est mon choix de jouer comme ça, dit le violoncelliste.
– Alors on fait quoi ? » demande la trompettiste.

Grand silence dans la salle.

Que va-t-il se passer si chacun reste dans son choix ? Que va-t-il se passer si chacun s'enferme dans son opinion, comme dans une maison bien fermée, dans laquelle personne ne peut entrer ? Rien. Il ne se passera rien : pas de musique, pas de concert.

1 523 + 96 = ...

« 1 519, répond Stéphanie.
– Non, crie Raoul, ça fait 1 618. »
Adèle lève le doigt : « 1 619. »
Le professeur écrit le résultat au tableau : 1 619.
« Je ne suis pas d'accord », dit Faustine.
Toute la classe rit.
« Faustine, ça suffit ! » dit le professeur d'un ton sec.

On sait bien que Faustine ne peut pas dire cela. Il n'y a qu'un seul résultat à une addition. Le même résultat, pour tous, dans le monde entier. En mathématiques, un désaccord n'existe pas longtemps : on finira par trouver le résultat vrai, et certains auront raison, d'autres tort.

Pendant le cours d'histoire, Faustine recommence. Au moment où le professeur parle de Napoléon, elle lève le doigt : « Monsieur, je ne suis pas d'accord avec la manière dont vous parlez de Napoléon. »
Silence dans la classe. Tout le monde se demande quelle punition va tomber sur la tête de Faustine.

Aucune punition.
Le professeur sait que le monde des hommes n'a rien à voir avec le monde des mathématiques : on ne peut pas ranger d'un côté ceux qui ont raison, et de l'autre ceux qui ont tort. Dans le monde des hommes, on trouve du beau pour certains, du laid pour d'autres, de l'intéressant pour certains, du moins intéressant pour d'autres, du cruel, du gentil, du méchant, on trouve des choses qui sont justes ici, injustes ailleurs, des choses interdites aujourd'hui, peut-être permises demain… On ne trouve pas du vrai, de l'absolument vrai. Dans le monde des hommes, la réponse

absolument vraie, celle qui pourrait mettre tout le monde d'accord, cette réponse-là n'existe pas.

Creuse, Faustine, creuse !

Le professeur se retourne vers Faustine et lui demande pourquoi elle n'est pas d'accord avec lui.
« Napoléon a envoyé des milliers d'hommes sans nourriture, sans bottes, sans vêtements chauds, dans la neige et les grands froids, des milliers d'hommes sont morts à cause de lui.
– Et tu penses que cela efface ce qu'il a fait de bien pour la France ? » demande le professeur.
Faustine a envie de dire « oui, bien sûr ». Elle réfléchit.
« Creuse ton idée, Faustine », l'encourage le professeur.
Dans la classe, des doigts se lèvent.

Faustine creuse son idée, elle cherche des arguments, elle cherche des raisons qui soutiennent son idée. Comme un archéologue creuse le sol, à la recherche de trésors cachés.

Et voilà pourquoi les désaccords sont utiles : ils poussent à partir à la recherche des raisons. On fouille, on enquête, on se pose des questions. Et c'est ainsi que, de désaccord en désaccord, les points de vue, les avis, les idées, les pensées se forment, se construisent, se détruisent, se reconstruisent.

Tout s'éteint

Quand, dans un pays, on interdit les partis politiques, quand tous les journaux écrivent exactement la même chose, quand on essaie de faire taire les journalistes, quand on met en prison des gens qui ont des idées différentes de celles des dirigeants, quand les chefs religieux interdisent aux gens d'exprimer un désaccord, on est en grand danger. Sans liberté d'expression, le dialogue s'éteint, et la pensée aussi.

Léa hurle, Léo argumente

La maman retire délicatement le bout de son sein de la petite bouche de Léa et reboutonne son chemisier. Léa fronce les sourcils, elle s'agite, avance ses lèvres, tourne la tête à droite, à gauche. Et soudain elle se met à hurler. Un hurlement à vous briser les tympans !

Léa n'est pas du tout d'accord avec l'arrêt de la tétée. Alors elle crie.

Normal. Elle ne peut pas dire : « *Écoute, Maman, j'ai encore faim, tu n'as pas vu que je m'étais endormie, alors redonne-moi le sein, je te dirai quand je veux arrêter…* » Dans quelques mois, peut-être que Léa tapera des pieds, ou se roulera par terre, ou se cachera sous la table…

La maman de Léo range le jus d'orange dans le réfrigérateur.
« Donne-m'en encore un peu, demande Léo.
– Mais tu en as déjà bu un demi-litre, répond sa mère.
– J'ai eu deux heures de sport cet après-midi, je meurs de soif.
– Bois plutôt de l'eau, c'est moins sucré.
– Regarde la composition : pas de sucre ajouté. Tu ne vas pas me dire que le sucre des fruits est mauvais !
– Non, mais… »

Léo n'est pas d'accord avec sa mère. Alors, il donne des raisons pour essayer de la convaincre de lui redonner la bouteille de jus d'orange. Il ne hurle pas, il ne cogne pas du poing sur la table, il ne fait pas de chantage du genre « *si tu m'aimes, donne-moi du jus d'orange* »…

Ce langage-là, le langage du chantage, des pleurs, des yeux doux, des cris, des menaces, du charme, des bouderies et minauderies, des claquages de porte… tout le monde le connaît, on l'utilise tous. Pas facile d'en sortir. Pas facile de faire l'effort d'utiliser un autre langage : celui qui vient de la raison et va vers la raison des autres.

Gwendoline ou Marceline ?

Demain, le professeur organise les élections du délégué de classe. « Si tu ne votes pas pour moi, tu n'es plus ma copine », menace Gwendoline. Sarah a peur. Elle sait que Gwendoline ne plaisante pas. « Si je ne suis pas chef de classe,

mes parents me puniront », confie Gwendoline à Lara. Lara a pitié. Elle connaît les parents de Gwendoline, ils sont très sévères.

À la récréation, Gwendoline continue sa campagne électorale : « Que ta robe est belle, Malika ! » ; « Sam, j'adore ta coupe de cheveux ! », et elle distribue des bonbons à tout le monde.

« Et n'oubliez pas que mon père est l'ami du directeur, le directeur sera fâché si je ne suis pas élue », ajoute Gwendoline.

Gwendoline a sa méthode pour gagner les élections : faire peur, inspirer de la pitié, flatter, séduire, régaler, menacer… Elle parle aux émotions de ses amis, à leurs sentiments.

Pendant ce temps, Marceline relit son programme. Elle déborde d'idées : obtenir des casiers pour les cartables, raccourcir les récréations l'hiver et les allonger au printemps, proposer cinq menus aux responsables de la cantine, remplacer la sonnette par une musique, organiser l'élection de miss et mister classe, proposer une discussion par semaine sur un événement qui se passe dans le monde...

Marceline a sa méthode pour gagner les élections : donner des raisons de voter pour elle, essayer de prouver qu'elle sera un bon chef de classe. Marceline parle à l'intelligence de ses amis, à leur raison.

Que vous êtes joli !

Maître Corbeau, sur un arbre perché,
Tenait en son bec un fromage.
Maître Renard, par l'odeur alléché,
Lui tint à peu près ce langage :
« Hé ! bonjour, Monsieur du Corbeau.
Que vous êtes joli ! que vous me
semblez beau !
Sans mentir, si votre ramage
Se rapporte à votre
plumage,
Vous êtes le Phénix
des hôtes
de ces bois. »

La suite est connue : le corbeau lâche son fromage, trop fier de faire entendre sa belle voix.
Sarah, Lara, Malika, Sam et les autres vont-ils lâcher un « *oui, je suis d'accord* », un « *oui, je vote pour toi* » à la rusée Gwendoline, comme le corbeau lâche son fromage ? Vont-ils se laisser distraire par Gwendoline ou s'intéresser au programme de Marceline ?

La prison des ruses

On vit heureux sur la planète Unicia. Tout le monde a sa jolie petite maison, les prés sont fleuris, la nourriture abondante. Pourtant, depuis quelques semaines, les habitants sont inquiets. Xéménon, un homme grand et fort, à la longue cape grise, sillonne la planète et annonce que ce bonheur ne va pas durer. D'après lui, les habitants de la planète Neutria sont en train de fabriquer des armes pour détruire

Unicia. « Ils vont commencer par
empoisonner l'eau », prévient Xéménon.
Petit à petit, la peur s'installe
sur Unicia.
Mais Xéménon les rassure de sa voix
grave : s'il devient le chef
de la planète, il saura les défendre.
Aux élections, presque tous
les habitants d'Unicia ont voté pour
Xéménon. Et c'est ainsi que Xéménon
possède aujourd'hui tous les pouvoirs,
écrase tout le monde sous ses ordres,
exige des impôts de plus en plus élevés
pour entretenir une immense armée.
Les Neutriens se demandent pourquoi
les Uniciens se sont choisi un si
terrible chef.

Avec ses discours rusés, Xéménon a effrayé toute la planète, il a emprisonné tout le monde dans la peur. Avec ses mots, Xéménon a fabriqué de la peur. Assez de peur pour que les Uniciens tremblent, et arrêtent de réfléchir.

Il existe des
magiciens des mots,
qui savent utiliser le langage pour endormir l'esprit, paralyser l'intelligence, tuer la raison. Et cueillir facilement un accord.
C'est important d'apprendre à repérer les ruses, d'apprendre à détecter les astuces, les tromperies et les flatteries. Pour ne pas donner son accord à de dangereux manipulateurs, pour ne pas donner son accord sans raison.

À chacun ses goûts

Paolo adore les longues marches en montagne, les films de karaté, les romans policiers, les pâtes et le camembert. Sa couleur préférée est le orange, il déteste voyager, il a souvent mal à la tête... Jade écoute les Rolling Stones, elle aime les films comiques, la natation, les livres de philosophie, les sushis et le fromage blanc. Sa couleur préférée est le jaune, elle adore voyager, elle est très frileuse... Viviane aime le rap, le chocolat et les steaks saignants... Dimitri aime la techno, les carottes et le poisson... Ayman aime les filles aux yeux bleus... Xavier déteste...

Paolo, Jade, Viviane, Dimitri, Ayman, Xavier vivent très bien ensemble. Sur des centaines et des centaines de choses, les hommes ne sont pas d'accord entre eux. Sur des centaines et des centaines de choses, les hommes ne cherchent pas à se mettre d'accord, et tout se passe très bien. Ce serait ridicule d'essayer de convaincre quelqu'un de se sentir triste, d'avoir chaud ou d'aimer l'art abstrait. On a raison de dire : « *À chacun ses sensations, à chacun ses sentiments, à chacun ses goûts.* »

À chacun son opinion ?

« Pourquoi dis-tu qu'acteur, ce n'est pas un vrai métier ? Je ne suis pas d'accord avec toi.
– C'est comme ça. »

« *C'est comme ça.* » Clac. Une réponse comme une porte qui claque au nez.

« Laisse-le, à chacun son opinion. »

« *À chacun son opinion.* » Clac. Quatre mots qui sonnent la fin de la discussion. Chacun repart chez soi, avec son opinion.
Certains vont dire : « *Bravo ! Regardez comme ils acceptent les avis des autres, comme ils sont tolérants !* »
Mais si on réfléchit un peu, on se rend compte qu'en fait, ils ne font que s'ignorer. Rien à voir avec la tolérance.
« *À chacun son opinion* » ; « *c'est comme ça* » ; « *c'est vrai pour moi* » ; « *à chacun sa vérité* » ; « *c'est mon choix* » ; « *c'est le tien* »… Toutes ces phrases veulent plutôt dire : chacun chez soi, et que chacun y reste. Et on finit par se parler seulement pour se demander l'heure, le menu du dîner, les notes que l'on a eues, pour s'informer des contrôles à venir et de la météo de demain. Qui a envie de vivre dans un monde où l'on ne parle que pour se donner des renseignements et échanger des informations ?

On peut venir avec vous ?

« Je suis contre les expériences sur les animaux, dit Gaspard.
– Pourquoi ? demande Lisa.
– Tu me demandes pourquoi ? s'étonne Gaspard. Mais il ne faut pas faire de mal aux animaux ! C'est horrible de tuer des animaux dans des laboratoires.
– On a découvert comme ça des médicaments et des traitements qui guérissent les hommes. »
Gaspard réfléchit.
« Quand même, ce n'est pas normal de faire souffrir des animaux pour tester des rouges à lèvres et des produits de beauté. »
Lisa n'avait pas pensé à cela.
Elle réfléchit.
« Pour le maquillage, je suis d'accord.
Mais les médicaments ? »
Gaspard se gratte la tête. C'est vrai, on ne peut pas risquer de tuer des hommes.

« On pourrait peut-être les tester sur des plantes ou autre chose ? »
Lisa réfléchit.
« Tu verras, ils diront que ça coûte trop cher.
– Ils ? Mais c'est qui, ils ? », demande Gaspard.
Lisa réfléchit. Il faudra qu'elle se renseigne, elle ne sait pas du tout qui décide de ces expériences.

« Alors tu penses qu'on n'a pas le choix, qu'il n'y a rien à faire ? continue Gaspard.
– Je ne sais pas.
– Déjà, refusons tous d'acheter les produits testés sur des animaux.
– Mais si tu as besoin du médicament ? Moi, je préfère guérir des humains. La vie d'un seul être humain vaut bien la vie de mille animaux, non ?
– Non, pas d'accord. »

Et ça continue, et ça continue...

On aimerait s'asseoir avec Gaspard et Lisa, donner son avis, apporter de nouvelles idées, expliquer ses arguments, se poser des questions que l'on ne s'était jamais posées. Pas de doute, Gaspard et Lisa passent un bon moment ensemble. Ils ne seront peut-être jamais totalement d'accord. Mais ils sont d'accord sur la chose la plus importante : échanger des arguments, dialoguer. Leur désaccord ne les sépare pas, c'est une énergie qui les fait penser, progresser dans leurs idées.

Tous d'accord !

19 h 57, 19 h 58, pas un chat dans les rues, tous les habitants sont assis devant leur télévision. 19 h 59.
Dans une minute exactement, on saura qui est le nouveau Président.
19 h 59 et 50 secondes, 20 h : le visage de Martinon s'affiche sur l'écran.
Martinon a gagné : 12 millions de gens ont voté pour lui, 11 millions ont voté pour Durand.
Raphaël saute de joie, Rafika aussi, Nestor s'effondre, la tête entre les mains, Cécilia pleure, Katia débouche une bouteille de champagne, Rim va chercher les coupes en sautillant...

Que va-t-il se passer ? 11 millions de personnes vont-elles prendre les armes et se battre pour chasser Martinon ? Non. Tout est calme.
Dans ce pays, on a trouvé un accord extraordinaire, qui permet à tous ceux qui sont en désaccord de vivre ensemble, en paix. Un ac-

cord sur la manière de choisir le Président. Un accord sur les règles à suivre pour élire le Président : chaque habitant de plus de 18 ans vote ; le candidat qui obtient au moins la moitié des voix plus une voix devient Président ; il est élu pour 4 ans ; le vote est secret… et beaucoup d'autres règles encore.
Dans ce pays, comme on a compris qu'il est impossible d'être tous d'accord sur les mêmes idées, on se met d'accord sur les règles.

Impossible d'aller tout droit

« Tout droit, tout droit !
– Je sais, mais je ne peux pas !
Regarde, il y a des travaux,
et une déviation vers la gauche.
– Oh zut, j'en ai marre, on va arriver
en retard, s'énerve Alex.
– Mais pourquoi ils font des travaux
ici ? » râle Lily.
En plus, Lily est obligée de rouler
doucement, la route grimpe, elle tourne
et devient très étroite.
« On est en
train de faire
un énorme
détour.
Où va-t-on ? »
se demande
Alex en
sortant
sa carte
routière.
Il n'est

jamais passé par là.
« Regarde à droite, dit soudain Lily, c'est magnifique. »
Alex lève le nez de la carte.
« Wouah ! Arrête-toi dès que tu peux, que l'on profite un peu de ce paysage. »

Alex et Lily sont déviés de leur chemin habituel. C'est énervant. Mais surprise ! Sur ce nouveau chemin, ils ont la chance de découvrir un paysage magnifique, un point de vue qu'ils ne connaissaient pas.

« *Comment a-t-on pu passer des années dans cette région sans venir par ici ?* » s'étonne Alex.

Quand on dialogue avec quelqu'un, et que l'on est en désaccord, on est comme Alex et Lily : dévié, sorti de ses opinions, dirigé vers d'autres chemins de pensée. Et alors, comme Alex et Lily, on aura peut-être la chance de tomber sur de bonnes surprises : des avis nouveaux, des idées intéressantes, d'autres manières de voir le monde.

Tu as changé d'avis ?

« Mais je ne comprends pas, tu m'as toujours dit que tu étais pour la peine de mort !
– Oui, mais aujourd'hui, je ne sais plus. J'ai lu le livre de Victor Hugo *Le Dernier Jour d'un condamné*, et franchement, je ne suis plus sûre de mon opinion. »

Olivia se pose des questions, elle doute de son avis. Dans le livre de Victor Hugo, elle a lu des arguments contre la peine de mort, des arguments auxquels elle n'avait jamais pensé.

« Mais tu as changé d'avis ! Je t'ai toujours entendu dire à tes enfants : artiste, ce n'est pas un vrai métier.
– Oui, c'est vrai, mais je crois que j'avais tort. Je viens de rencontrer un acteur et un marionnettiste qui m'ont parlé de leur travail, et ça me fait vraiment réfléchir. »

Maurice s'interroge, il se demande s'il a eu tort, il se remet en question.

Olivia et Maurice ont tous les deux une grande qualité : ils sont capables de reconnaître qu'ils ont rencontré des raisons plus fortes que les leurs, des arguments plus convaincants que les leurs. Ils ont le courage d'examiner leurs opinions, de dire non à leurs opinions : de construire leur pensée.

Oh, la poule mouillée !

« Allez, viens, Simon, on va remplir de moutarde les poches du manteau de Félix, chuchotent Colette et Jeannette. Kamal et Alexandre vont aussi venir. » Simon hésite.

« Alors, qu'est-ce que tu attends ? demande Colette.
– Fais pas ta poule mouillée », ajoute Jeannette.

On ne sait pas ce que Simon va décider, mais on sait à quel point c'est difficile de dire à ses copains : *« Je ne viens pas, je ne suis pas d'accord. »* Il faut du courage pour dire non. On prend toujours le risque de se faire mal voir, de s'isoler, de se faire exclure.

Danger de mort

Dans le monde, des hommes et des femmes risquent leur vie en exprimant leurs désaccords. Des hommes et des femmes sont menacés, obligés de se cacher, emprisonnés, torturés et parfois même tués, parce qu'ils ont osé critiquer les dirigeants de leur pays, parce qu'ils ont osé questionner des idées religieuses, parce qu'ils ont osé discuter des idées politiques…

Ils l'ont dit à la télévision

« Maman, tu peux m'acheter ce shampoing ?
– Pourquoi celui-là ?
– Parce qu'il fait pousser les cheveux plus vite, dit Caroline.
– Mais comment sais-tu cela ?
– Ils l'ont dit à la télévision. »

Caroline n'a que 5 ans, elle croit tout ce que l'on dit à la télévision.

« *C'est vrai, c'est mon papa qui l'a dit* » ; « *ma maman a dit que…* » ; « *c'est vrai, regarde, c'est écrit dans le journal…* »

Quand on est petit, on croit ce que disent les grands. Si Papa dit que les gens aux yeux bleus sont tous des menteurs, on le pense aussi. Si Maman dit que les gens du Sud sont gentils, on le pense aussi. Si le grand frère dit que les filles sont nulles, on va le penser aussi.

Depuis notre naissance, mois après mois, année après année, des opinions s'accumulent en nous. Des opinions qui viennent des parents, des amis, des professeurs, de la télévision, des journaux, de tous ceux qui nous entourent. C'est pour tout le monde pareil.

Tous à la manif !

« Alors, c'était bien, la manifestation ? Il y avait du monde ?
— Oui, on était au moins 10 000 ! Et on recommence demain. Mais à force de crier "Non aux essais nucléaires, non aux essais nucléaires", j'ai un mal de gorge pas possible, répond William en toussant.
— Je n'ai pas bien compris toutes ces histoires d'essais nucléaires, tu peux m'expliquer ?
— Euh, oui, euh... ben tu sais, euh... c'est compliqué, mais tout le monde dit que c'est un scandale. »

William allume son ordinateur et tape « essais nucléaires » sur son moteur de recherche. Ouh là là ! Des centaines de sites s'affichent. William clique sur le premier de la liste. « Tiens, sur ce site, ils sont pour. Franchement, leurs arguments ne sont pas bêtes », se dit William en prenant des notes. Il clique sur un autre site. Encore pour. Troisième site : contre. Au bout de 3 heures, il a lu un nombre incroyable d'arguments pour et contre. Et il est aussi allé sur le site du gouvernement, il comprend bien leur projet. Il appelle son ami au téléphone. « Tu as le temps ? Je peux t'expliquer pas mal de choses sur les essais nucléaires. »
Le lendemain, William rejoint son groupe d'amis sur la place de la Libération. Il est convaincu que les essais nucléaires sont une catastrophe, et qu'il faut absolument tout faire pour les empêcher.

Ce matin, en se réveillant, William sait pourquoi il va à la manifestation. En défilant aujourd'hui, il sait pourquoi il crie les slogans qu'il a criés hier. Il n'est ni un perroquet qui répète ce qu'il entend sans comprendre, ni un mouton qui suit le troupeau sans savoir où il va. Il est lui, William. Un homme qui se construit, qui construit sa pensée, en transformant les opinions des autres en idées à soi.

Oui ou non ?

Lorette ne sait pas si elle va dire oui
à Adam. Les copines de Lorette
n'en reviennent pas : « Mais tu ne vas
quand même pas lui dire non ! On rêve
toutes de lui, on voudrait toutes être
à ta place, vas-y, fonce ! »
Le soir, seule dans sa chambre, Lorette
hésite encore. Adam est intelligent,
sympa, riche, il est carrément beau,
et en plus, si elle se marie avec lui,
elle sera la vedette du quartier.

« Peut-être que j'ai peur de faire de la peine à Germain, se demande Lorette. Mais peut-être que Germain s'en fiche. Je ne vais quand même pas me marier avec Adam pour embêter Germain. Et pourquoi pas ? Et puis, qu'est-ce qu'il attend cet idiot pour me dire qu'il m'aime ? Mais les copines ? Et mes parents ? Ils vont tous m'en vouloir si je dis non à Adam. Tant pis, je dis non. Oh non, je dis oui… »

Longue, très longue discussion, entre Lorette et… Lorette. D'accord pour dire oui, pas d'accord pour dire oui. Lorette penche d'un côté, puis de l'autre, influencée par l'opinion de ses copines, de ses parents, par le succès d'Adam, par ses sentiments pour Germain… « *Qu'est-ce qui est le plus important pour moi ?* » se demande Lorette. La gloire ? L'argent ? L'amour ? L'amitié ? La famille ? La célébrité ?…
Lorette est à la recherche de quelque chose de très difficile : elle cherche un accord, avec elle-même.

Savoir ce que l'on pense, vraiment. Savoir ce que l'on veut, vraiment. Construire ses idées, à soi. Chercher ses points de vue, à soi. Trouver ses raisons, à soi. Trouver ses arguments, à soi. Quel travail ! Être en accord avec soi-même, voilà un programme qui occupe toute la vie.

Brigitte Labbé est écrivain. Pierre-François Dupont-Beurier est professeur agrégé de philosophie. Jacques Azam illustre tous les « Goûters Philo » et signe également des BD chez Milan.

DANS LA MÊME COLLECTION

De Brigitte Labbé et Michel Puech

1. La vie et la mort (CD)
2. La guerre et la paix (CD)
3. Les dieux et Dieu
4. Le travail et l'argent
5. Prendre son temps et perdre son temps (CD)
6. Pour de vrai et pour de faux
7. Les garçons et les filles (CD)
8. Le bien et le mal (CD)
9. La justice et l'injustice (CD)
10. Ce qu'on sait et ce qu'on ne sait pas
11. Les chefs et les autres
12. Les petits et les grands
13. Libre et pas libre
14. Le bonheur et le malheur
15. La nature et la pollution
16. La fierté et la honte
17. L'être et l'apparence
18. La violence et la non-violence
19. La beauté et la laideur
20. Le rire et les larmes
21. Le courage et la peur
22. Le succès et l'échec
23. L'amour et l'amitié
24. Le respect et le mépris
25. La parole et le silence

De Brigitte Labbé et P.-F. Dupont-Beurier

26. Le corps et l'esprit
27. D'accord et pas d'accord

(CD) *Existe aussi en CD*

Quelquefois, on se retrouve entre amis, à deux, à trois ou plus, pour regarder un film, faire un jeu, préparer un exposé ou simplement écouter de la musique. Ou bien on est là, ensemble, sans rien faire de spécial. Et il arrive que la conversation démarre, sur un sujet qui intéresse tout le monde.

MON CAHIER GOÛTER PHILO

Sans s'en rendre compte, on se lance dans de grandes discussions sur les parents, les professeurs, les amis, sur l'amour, la guerre, la honte, l'injustice… On refait le monde ! Et le soir, quand on se retrouve seul, on y repense.

C'était vraiment bien de pouvoir parler de tout ça, même si parfois, on est furieux parce qu'on n'est pas du tout d'accord avec ce que les autres disent, ou parce qu'il y en a qui veulent tout le temps parler et n'écoutent rien.

UN VRAI GOÛTER PHILO

Mais alors ! Si c'était bien, pourquoi ne pas organiser des débats, des discussions, sur un sujet qu'on choisirait ensemble ? À la maison, chez des amis ou, pourquoi pas, à l'école ?

Alors voici quelques trucs pour réussir un vrai « goûter philo » :

- Il vaut mieux ne pas être plus de 10 personnes.

- Évidemment, il faut un bon goûter, à boire et à manger !

- C'est bien d'être assis par terre… On peut s'installer comme on veut, on parle plus librement ! Et on peut mettre le goûter au milieu du cercle…

- Quelqu'un est chargé de proposer plusieurs sujets. Sauf si tout le monde s'est déjà mis d'accord pour parler de quelque chose de précis.

UN VRAI GOÛTER PHILO

- Chacun réfléchit pour décider quel sujet il préfère, sans rien dire aux autres pour ne pas les influencer.

- Quand tout le monde a choisi, on vote pour le sujet dont on a le plus envie de parler. Attention : un seul vote par personne.

- Le sujet qui a le plus de voix gagne : c'est de cela qu'on va parler aujourd'hui.

Les autres trucs, pour réussir à s'écouter, pour ne pas s'agresser, pour accepter les idées différentes des siennes, pour laisser parler tout le monde, ces autres trucs, vous les trouverez vite vous-mêmes !

C'est parti ! Donnez-vous une heure. Mais après tout, vous pouvez aussi y passer la journée !

UN VRAI GOÛTER PHILO SUR D'ACCORD ET PAS D'ACCORD

Les jus de fruits et les gâteaux sont là, le sujet aussi : aujourd'hui, vous avez choisi « D'accord et pas d'accord ». Si la discussion a du mal à démarrer – cela arrive quelquefois, on se regarde tous et personne ne sait quoi dire ! –, voici quelques pistes pour lancer le débat :

- Et nous, à la place de Léo, page 16, comment ferions-nous pour obtenir plus de jus d'orange ?

- Connaît-on des magiciens des mots qui ressemblent à Xéménon des pages 21-22 ? Comment se protéger de ces gens-là ?

- Qui aimerait discuter avec Gaspard et Lisa, pages 27-29 ? Que leur dirions-nous ?

- Nous arrive-t-il de changer d'avis comme Olivia et Maurice, page 34 ? Est-ce difficile de dire que l'on a changé d'avis ?

UN VRAI GOÛTER PHILO
SUR D'ACCORD ET PAS D'ACCORD

Pour s'aider, on peut naviguer comme cela dans le livre. Quelqu'un lit tout haut un passage, ou une des petites histoires. Cela fait penser à des histoires qui nous sont arrivées ou sont arrivées à d'autres, on les raconte et on essaie, ensemble, de comprendre ce qu'elles veulent dire.

On peut aussi se poser des questions, et en poser aux autres. Et chercher ensemble des réponses… ou bien se rendre compte que, quelquefois, on ne trouve pas de réponse : derrière une question, il s'en cache une autre, et encore une autre, et encore une autre…

En voici quelques-unes, en vrac… de quoi s'occuper des heures !
« *Faut-il toujours se mettre d'accord avec les gens ?* » ; « *Comment peut-on résoudre un désaccord ?* » ; « *Sur quoi est-il important d'être d'accord pour réussir à vivre tous ensemble ?* » ; « *Peut-on être de bons amis sans être d'accord sur tout ?* » ; « *Quelle est la différence entre une opinion et une idée ?* » ; « *Que veut dire "être d'accord avec soi-même" ?* »…

À vous de jouer ! À vous de goûter !
À vous de philosopher !

MES IDÉES...

... MES HISTOIRES

MES IDÉES...

… MES HISTOIRES